LE

DROIT AUX ALIMENTS

DES RELIGIEUSES ET DE LEURS PAUVRES

✠

NOTE en faveur des Membres des CONGREGATIONS RELIGIEUSES,
Plaidant en leur nom personnel
Contre l'Administration de l'ENREGISTREMENT, sur les questions d'aliments,
D'insaisissabilité, de privileges et autres
Qui se rattachent
Au recouvrement du DROIT D'ACCROISSEMENT SANS ACCROISSEMENT

PAR

A. ROBERT

SPÉCIALISTE POUR LES QUESTIONS FISCALES, A ROUEN

ROUEN

CHEZ L'AUTEUR, RUE BEFFROI, 21

—

OCTOBRE 1893

—

(Tous droits réservés)

LE

DROIT AUX ALIMENTS

DES RELIGIEUSES ET DE LEURS PAUVRES

�

NOTE en faveur des Membres des CONGREGATIONS RELIGIEUSES,
Plaidant en leur nom personnel
Contre l'Administration de l'ENREGISTREMENT, sur les questions d'aliments,
D'insaisissabilité, de privileges et autres
Qui se rattachent
Au recouvrement du DROIT D ACCROISSEMENT SANS ACCROISSEMENT

PAR

A. ROBERT

SPÉCIALISTE POUR LES QUESTIONS FISCALES, A ROUEN

ROUEN

CHEZ L'AUTEUR, RUE BEFFROI, 21

OCTOBRE 1893

(Tous droits réservés)

LE DROIT AUX ALIMENTS

DES RELIGIEUSES ET DE LEURS PAUVRES.

———:o:———

Après de longues et pénibles difficultés d'élaboration législa-
tive et d'interprétation judiciaire, la question des impôts excep-
tionnels sur les congrégations religieuses entre dans une
nouvelle phase de conflits, relatifs, cette fois, à l'exécution
forcée.

Pourquoi ces nouveaux conflits ?

Parce que l'application de ces lois crée une situation intolé-
rable (§§ Iᵉʳ et II de la présente note).

En quoi consistent ces nouveaux conflits ?

Les principaux conflits engagés jusqu'à ce jour portent : 1º sur
le droit des religieuses à réclamer une garantie et une provision
alimentaire ; 2º sur les réclamations de leurs fournisseurs ;
3º sur l'insaisissabilité de certains revenus affectés à des aliments ; 4º sur les privilèges respectifs réclamés soit par le
Trésor, soit par les tiers (§§ III à IX).

Des instances multiples sont sur le point de s'engager dans plusieurs parties de la France, devant les tribunaux et les cours d'appel. Il importe d'éclairer juges et plaideurs. En attendant que d'autres fassent mieux, il a paru utile de faire imprimer le premier résultat d'études consciencieuses et persévérantes sur ces questions.

§ I. — Caractère des taxes exceptionnelles sur l'actif BRUT des congrégations.

A. — La loi de 1884 a établi, à la charge des congrégations religieuses, deux sortes de prétendus impôts.

Un premier impôt, dit taxe de 4 0/0 sur le revenu, assujettit les congrégations à payer annuellement 4 0/0 sur un revenu fictif, calculé à 5 0/0 de la valeur brute des biens possédés et occupés, sans aucune distraction des charges.

Les indivisions ne payent pas d'impôt spécial sur le revenu.

Les associations laïques de bienfaisance n'en payent pas non plus.

Les sociétés civiles ou commerciales de gains ou de pertes ne subissent cet impôt que dans la mesure du revenu net distribué aux sociétaires ou actionnaires. Là, pas de bénéfices, pas d'impôts.

Pour les congrégations, au contraire, tout est censé rapporter un bénéfice ; tout ce qui est improductif, tout ce qui se détériore par l'usage, tout ce qui coûte au lieu de rapporter, tout sans exception devient matière à bénéfices. Le revenu doit être de 5 0/0. Ainsi on tient le raisonnement suivant : ces 3 fr. de rente sur l'Etat valent 100 fr. à la Bourse ; donc ils doivent rapporter 5 fr. à la congrégation, qui payera sur cette valeur 0 fr. 20 centimes.

Aucune distraction des charges, des affectations, des dettes hypothécaires. Bien plus, la Régie a soutenu qu'on devait payer une première fois sur l'actif brut, une seconde fois sur les intérêts du passif hypothécaire. Son raisonnement n'a pas été admis par le tribunal de Châteaulin. Alors elle s'est pourvue en cassation.

Un tel impôt frappe surtout les aliments. Dans les sociétés de mines, de chemins de fer, la partie des recettes brutes affectée aux salaires et conséquemment à la nourriture des ouvriers mineurs, des employés, des collaborateurs, cette partie est absolument respectée par l'impôt sur le revenu net. Avec les bonnes Sœurs, il en est autrement. Une congrégation possède 300.000 fr., réalise 15.000 fr. de recettes brutes et fait une dépense égale, dont 7.200 fr. en aliments. L'obligation pour elle de payer 600 fr. sur un revenu net qui n'existe pas, l'oblige de renvoyer le douzième de son personnel ou de ne lui donner à manger que onze mois sur douze.

B. — A cette taxe sur le revenu brut s'ajoute le droit d'accroissement sans accroissement.

Cette seconde taxe a tous les défauts de la première, et en plus quelques-uns qui lui sont propres.

C'est un impôt sur une fiction. Droit d'accroissement sans accroissement, droit de mutation sans mutation, on l'a exécuté, devant l'opinion publique, en le comparant à un impôt des portes et fenêtres sur une terre de labour. Inutile de rien ajouter.

La perception multiple en a fait quelque chose de si criant, que l'indignation a été universelle. Le tribunal de Charleville a, dans des termes fort heureux, caractérisé le degré d'injustice de la perception multiple en constatant que, dans l'espèce à lui soumise, le taux du droit de mutation s'élevait *à six mille neuf cents pour cent* au lieu de *onze francs vingt-cinq centimes pour cent francs*. Et cela devait se répéter tous les ans !

Nonobstant un très grand nombre de jugements semblables, nonobstant l'arrêt de la chambre des requêtes du 13 janvier 1892, nonobstant les reproches de M. Brisson lui-même (*Journal officiel* du 12 février 1893, p. 538, col. 3), l'administration s'obstine à faire prévaloir ce mode de perception qui a pour effet de confisquer quatre fois et au delà la valeur des objets soumis à l'impôt. Nous avons sous les yeux des copies de contraintes par lesquelles il est réclamé 1.491 fr. 75 pour 1.030 fr. de mobilier (Pithiviers), 2.200 fr. pour 670 fr. de mobilier (la Roche-sur-Yon), 2.200 fr. pour 500 fr. de mobilier (les Sables-d'Olonne), 2.200 fr. pour 474 fr. de mobilier (Fontenay-le-Comte). etc.

Un projet de loi qui feignait de corriger ces injustices, pour leur en substituer de pires encore, a été ajourné indéfiniment par la dernière Chambre (séance du 11 février 1893).

La taxe sur le revenu et le droit d'accroissement sans accroissement représentent ensemble le dixième et plus, du 5 0/0 de l'actif brut.

C. — Si la Régie voulait tenir à la Banque de France le langage qu'elle adresse aux congrégations, elle lui dirait :

— Votre actif brut. au 29 décembre 1892, d'après le *Journal officiel*, était de. . . . . Fr.   4.363.576.606, 92
Il doit vous rapporter un revenu de. . Fr.   218.178.830, 35
Il est justé et même équitable que vous acquittiez, comme les congrégations, une taxe de 10 0/0 de ce revenu, soit vingt-deux millions en chiffres ronds.

— Pardon ! répondrait la Banque de France, vous indiquez très exactement le montant de notre actif brut. Mais, pour évaluer le revenu et fixer l'impôt, vous changez la virgule de place. Ce n'est pas *deux cent dix-huit millions* et les centaines de mille qui constituent le chiffre de notre revenu net, c'est *vingt-quatre millions* (1) une année, vingt-trois une autre. Notre actif brut ne nous rapporte pas 5 0/0, mais *cinquante centimes* pour cent. Vous ne sauriez ignorer les charges, les affectations auxquelles il correspond. Conséquemment il n'est pas sérieux de nous parler de vingt-deux millions d'impôts. C'est précisément le chiffre de

---

(1) Pour l'année 1892, le dividende brut de la Banque de France est de 24.713 541 fr. 70 cent. L'impôt de 4 °/o sur le dividende et l'impôt du timbre sur les actions et timbres divers ont coûté ensemble 1 057.810 fr. 70 cent. (*Compte rendu de l'assemblée du 26 janvier 1893, page 72*).

dividendes que nous distribuons à nos actionnaires. Autant vaudrait supprimer de suite le privilège de la Banque que de le renouveler dans ce sens !

Les compagnies d'assurances sur la vie (branche rentes viagères) réalisent un bénéfice net dont le taux, par rapport aux réserves, est encore inférieur à celui de la Banque de France. Il ne s'élève qu'à *trente et un centimes et demi* pour cent francs de réserve. En appliquant l'impôt à ces sociétés comme aux congrégations, l'Enregistrement confisquerait une fois et demie le dividende.

Qui oserait soutenir que les Petites-Sœurs des Pauvres, les Filles de la Charité et une foule d'autres associations charitables fondées pour le bien public, pourraient tirer de leur capital un revenu net d'un taux supérieur à celui de la Banque de France, supérieur à celui des compagnies de rentes viagères ? Mais alors, si le revenu net de ces institutions est nul ou presque nul, ce n'est pas une fois, ce n'est pas une fois et demie, c'est vingt-cinq fois, c'est cinquante fois le revenu net que la Régie réclamera, en le prélevant nécessairement sur le capital.

D. — Nous connaissons la haute raison politique qui a fait voter ces impôts de confiscation : c'est le spectre de la main-morte.

On ne peut prendre cette crainte au sérieux, lorsqu'on constate de sang-froid :

1o Que les conditions dans lesquelles s'est formée l'ancienne mainmorte d'avant 1789 ne peuvent revenir (voir surtout Taine, *Origines, ancien régime*, pages 3 à 9) ;

2o Qu'une seule compagnie d'assurances sur la vie fondée en 1819 possède à elle seule une fortune supérieure à celle de toutes les congrégations réunies ;

3o Que les immeubles congréganistes, presque tous urbains, ont seulement une contenance de 23.823 hectares, tandis que les communaux, en trop grande partie improductifs. représentent **quatre millions** 316 mille 310 hectares ;

· 4o Que, malgré les efforts des congrégations, l'instruction et surtout l'assistance nécessitent, de la part des associations laïques, toujours de nouvelles acquisitions, toujours de nouvelles constructions.

§ II. — Attitudes diverses de la Régie et des congrégations.

A. — Quelle que soit l'équité de ces impôts, et surtout du droit d'accroissement sans accroissement, c'était pour la Régie un devoir de justice et d'obéissance de plaider loyalement sur l'interprétation de la loi, et, si la jurisprudence lui donnait raison, d'exécuter uniformément par tout le territoire français les arrêts de justice.

Les trop grandes habiletés des mémoires de la Régie ne sont pas accessibles à tous les esprits. Mais l'incohérence dans l'exécution frappe tous les yeux.

Tandis que la plupart des Directions départementales poursuivent avec des rigueurs variables le recouvrement du droit d'accroissement, on constate un calme absolu dans certaines autres.

Au commencement du mois de février 1891, on pouvait lire dans presque tous les journaux que la 2e chambre du tribunal de la Seine avait fixé au 28 février 1891 le rapport des nombreuses instances d'accroissement engagées devant elle. Quelques jours après cette note, était rendu et publié le jugement du tribunal d'Yvetot. Les juges de Paris ont tenu sans doute, tant qu'à essayer une réfutation, qu'elle fût longuement préparée. Elle est encore en voie de préparation.

Le directeur du département de la Seine s'est facilement convaincu que le silence de son tribunal rendait inutile la signification de nouvelles contraintes. Un certain nombre de directeurs départementaux se sont autorisés de cet exemple.

Mais le plus grand nombre, avec un luxe parfois inouï de papier timbré, ont obtenu des résultats différents.

B. — Toutes les congrégations, sans exception, ont jusqu'à présent acquitté, en s'imposant de très lourds sacrifices, la taxe de 4.0/0 sur le revenu brut. Mais déjà des résistances sont soulevées sur certains points. D'ailleurs, la soumission générale ne durera vraisemblablement pas plus que les moyens pécuniaires pour faire face à cette charge déjà excessive. Que la Régie profite de ces versements, tant qu'ils seront effectués !

Mais, quant au droit d'accroissement sans accroissement, c'est à peine si un tiers des taxes liquidées par la Régie a pu être recouvré. Celles des congrégations qui ont acquitté ce droit sans emprunter, n'ont pu le faire qu'à même la fortune personnelle de certaines religieuses ou en prélevant, sur les aumônes, des deniers qui devaient recevoir une autre destination que les caisses du fisc.

C. — Certaines congrégations ont réalisé des *emprunts* ou des ventes de rentes ou d'immeubles, ou ont songé à en réaliser. Ce n'est parfois qu'au dernier moment, après le décret d'autorisation, que quelques-unes ont aperçu la ruine prochaine qu'aurait assurée la dernière signature.

Parmi les nombreux décrets publiés dans la partie supplémentaire du *Bulletin des lois*, citons-en deux des plus topiques, qui sont heureusement restés à l'état de lettre morte.

Le 17 février 1892, un décret autorise la supérieure générale des Filles de la Croix, dites de Saint-André, à la Puye (Vienne), à se procurer par vente d'immeubles et emprunt, un capital de *118.000 fr.*, uniquement destiné à acquitter le droit d'accroissement sans accroissement.

Le 30 janvier 1893, un décret autorise la supérieure générale des Filles de la Sagesse, à Saint-Laurent-sur-Sèvre (Vendée), à se procurer par vente de valeurs et emprunt, un capital de *150.000 fr.*, uniquement destiné à acquitter le droit d'accroissement sans accroissement.

Toutes les autorités possibles, depuis les conseils municipaux de ces petites communes jusqu'au conseiller d'Etat rapporteur et au ministre des cultes, ont constaté, comme la chose la plus naturelle du monde, que ces congrégations ne faisaient aucun bénéfice, qu'elles n'avaient pas le premier sou en caisse pour payer ces sommes formidables. S'il s'agissait de sociétés· de bénéfices, ce serait un simple prélèvement sur le dividende ; mais comme il s'agit d'associations religieuses, il faut entamer le capital.

Après les mêmes enquêtes et formalités, avec la même impassibilité, le conseil d'Etat aurait constaté, dans un an ou deux, qu'il était nécessaire pour ces congrégations d'emprunter de nouveau des centaines de mille francs, pour payer les droits d'accroissement échus depuis, la taxe de 4 0/0 sur le brut et les intérêts de l'emprunt précédent. Et cela aurait duré jusqu'au jour où ·il aurait fallu subir une expropriation désastreuse pour prêteurs et emprunteurs, pour tous, excepté pour le fisc, qui aurait absorbé la valeur du bien, sans avoir l'odieux de poursuivre la saisie.

D. — Ces saisies, la Régie avait cru qu'elle les ferait accepter par l'opinion publique. Dans la région lyonnaise, où les congrégations opposaient à ses avertissements, à ses contraintes, une *résistance passive*, on avait choisi, après délibérations, une commune où l'on avait sujet d'espérer qu'une exécution ne causerait pas de scandale : c'est, dans le département de l'Ain, dans le canton de Coligny, qui a pour représentant au conseil général et à la Chambre M. Pochon, la commune de Marboz. La vente sur saisie du mobilier des Sœurs de Marboz, à la date du 16 février 1891, a été racontée par toute la presse ; l'huissier de l'Enregistrement, honteux de son rôle, provoquant et sollicitant une résistance judiciaire, sans pouvoir l'obtenir ; les habitants du village réunis dans une navrante stupeur ; les petites filles de l'école expulsées et suivant le convoi de leurs bancs et de leurs tables vers la place du Marché ; enfin la vente, qui produisit seulement 270 fr., et le rachat du mobilier par les familles pour le prêter désormais à l'école, en vertu d'un acte régulier.

L'expédition de Marboz a été lamentable pour la Régie. Elle a prudemment évité de recommencer, se bornant à pratiquer des saisies-arrêts et à prendre des hypothèques.

E. — La résistance judiciaire s'est fait jour sous trois formes différentes :

1° Contestations sur le principe du droit d'accroissement sans accroissement ;

2° Contestations sur la question des payements multiples ;

3° Contestations sur l'exécution forcée, dont nous parlerons au prochain paragraphe.

Ceux qui ont préconisé la résistance judiciaire ne se sont pas illusionnés au point de croire à un effet immédiat et universel. Des pierres détachées une à une de la base d'un édifice l'ébranlent peu à peu et à la longue le font s'écrouler. Il a paru préférable de dénoncer partout, toujours, sous toutes les formes, la ruine qui menace les congrégations, que de l'attendre avec le silence d'une apparence résignée. Si l'on ne mettait aucun obstacle à la marche lente et sûre du boa fiscal, il choisirait son jour et son heure pour engloutir sa proie tout entière.

§ III. — Conflits auxquels donne lieu l'exécution forcée.

A. — Peu de personnes, même parmi les procéduriers, connaissent les distinctions d'après lesquelles une instance suivie contre l'administration est tantôt traitée par mémoires, sans plaidoirie, sans faculté d'appel, tantôt plaidée oralement devant le tribunal et devant la cour.

Si la difficulté s'agite entre le Trésor et son débiteur seul, qu'il s'agisse de questions de principe d'exigibilité, de lieu de payement, même de saisie-exécution ou de saisie-arrêt après condamnation, c'est la procédure spéciale qui doit être suivie.

Il y a à cette règle deux exceptions : premièrement, les cas où le code de procédure civile exige absolument la constitution d'un avoué, comme la distribution par contribution, la saisie immobilière et l'ordre ; deuxièmement, les cas où un tiers, qui n'est pas débiteur de l'Enregistrement, exerce une revendication ou fait valoir une prétention quelconque et demande le bénéfice du droit commun, c'est-à-dire tient à avoir son avoué et son avocat plaidant.

B. — Dans les cahiers des états généraux de 1789 (archives parlementaires, 1ɪᵉ série, tomes 1 à 8), on rencontre partout l'espérance naïve de voir promulguer une loi d'enregistrement toute petite et parfaitement claire, qui pourra être affichée dans toutes les études de notaire. Les rédacteurs des cahiers sont convaincus qu'il ne pourra plus surgir une seule mauvaise chicane de la part de la Régie. Sur de simples notes, sans frais, sans plaidoiries, les tribunaux de droit commun, substitués à l'intendant, décideraient souverainement et mettraient les agents du fisc à la raison. Douce illusion !

Il n'en est pas moins vrai que la procédure spéciale tire son origine de ces vœux populaires. Ce n'est pas une raison pour la préférer. Aussi, surtout dans la question des poursuites contre les congrégations, les tiers qui ont un intérêt à faire valoir revendiqueront énergiquement la faculté de plaidoirie. Ils pourront même employer la procédure de droit commun pour attaquer, le cas échéant, par la voie de la tierce-opposition, les jugements qui, rendus entre la Régie et la congrégation, leur causeraient un préjudice, ainsi que nous l'expliquerons au § VII.

C. — Voyons dans quelles circonstances principales pourra se produire l'action des tiers. Laissons de côté la saisie-exécution : celle de Marboz a valu à elle seule bien des plaidoiries. Laissons également la saisie immobilière. Il faut une autorisation spéciale du ministre des finances pour que la Régie la tente ; il faudrait de plus, suivant nous, un décret spécial du Président de la République pour valider l'aliénation. Les saisies-arrêts de revenus ont été les moyens le plus fréquemment employés par la Régie. Comment des tiers peuvent-ils intervenir dans ces instances ?

D. — Une communauté est déjà gênée au point de ne pouvoir équilibrer son budget que grâce aux avances de religieuses jouissant d'une fortune personnelle.

En sus des déficits antérieurs, il a fallu payer, chaque année, 600 fr. pour un revenu net de 0. On réclame en outre le droit d'accroissement sans accroissement, le fisc fait juger qu'il lui est dû. La communauté déclare qu'elle ne doit pas, qu'elle ne peut pas, qu'elle ne veut pas le payer. De là, saisie-arrêt sur les revenus, récriminations des Sœurs et des fournisseurs.

« Il est très fâcheux, dira la supérieure à ses religieuses, que la communauté ne puisse tenir l'engagement qu'elle a pris de pourvoir à votre subsistance, ou qu'elle ne puisse le faire qu'en vous empruntant à vous-mêmes la somme nécessaire pour y faire face. Mais il y a des loyers arrêtés. L'Enregistrement fait valoir ses droits. Faites valoir les vôtres ! »

« Nous ne pouvons présentement payer votre facture, dira la supérieure au boulanger, au boucher, aux autres fournisseurs alimentaires. L'Enregistrement, avec son droit d'accroissement, confisque nos principales ressources. Allez voir un avoué et produisez à la contribution. »

Mais la communauté a à sa charge un hospice, avec des biens affectés à l'entretien. Le fisc a saisi jusqu'à ces revenus. Toute la charge reste à la communauté sans aucun profit.

« Je ne serais pas écoutée, en voulant faire cesser cette situation irrégulière. Vous fournisseurs, vous religieuses, demandez au tribunal la nomination d'un séquestre pour appliquer les revenus à leur affectation. »

Tels sont les principaux conflits auxquels peut donner lieu l'exécution forcée : garantie alimentaire (§§ IV et V), fournitures et provisions (§ VI), insaisissabilité (§ VII). La Régie opposera à ces réclamations son prétendu privilège sur le tout et pour le tout. Il sera discuté aux §§ VIII et IX.

§ IV.   Principe des réclamations pécuniaires
des religieuses.

A. — L'ancien droit avait des principes certains et savait en tirer jusqu'aux dernières conséquences. On considérait comme constant, du temps de Domat (1), que les communautés ou associations de personnes de toute espèce sont établies pour un **bien public**, dont la cause subsiste **toujours** : il est de leur nature de durer **toujours**.

Comme ces communautés sont perpétuelles et se conservent toujours, pour le bien public, leurs biens et leurs droits qui les font subsister, doivent **toujours demeurer au corps**, et c'est ce qui rend ces biens et droits inaliénables.

Les biens et droits doivent toujours demeurer au corps ; conséquemment, aucun des particuliers qui le composent n'y a **aucun droit de propriété**, et n'en peut disposer en rien.

Ce sont les principes de l'ancien droit que la loi du 24 mai 1825 a admis, en organisant les communautés religieuses de femmes.

L'administration de l'Enregistrement a eu l'honneur de faire reconnaître la première, par la chambre civile de la cour de cassation, les conséquences suivantes de cette loi :

Il résulte des dispositions de la loi du 24 mai 1825, qu'une **communauté religieuse légalement constituée n'est pas une société civile ; que c'est un corps de mainmorte indépendant des personnes qui en font partie ; que celles-ci ne peuvent demander ni la dissolution de la communauté, ni le partage des biens qui appartiennent à la congrégation, et qu'en cas d'extinction de la congrégation, elles n'ont droit à aucune partie de ces biens, mais à une simple pension alimentaire....**

(Arrêt de la chambre civile de la cour de cassation du 7 novembre 1855. — D. P. 55, 1, 437.)

---

(1) Domat, *Droit public*, livre Ier, titre XV.

B. — Mais si les religieuses n'ont aucun droit *réel* de propriété sur les biens de la congrégation, n'ont-elles pas un droit *personnel* pour se faire nourrir et entretenir par elle ?

Quelle est l'*origine* de ce droit personnel ?

Quelle est sa *nature* ?

Quelles *actions* confère-t-il, pour le cas où la communauté deviendrait *insolvable* ?

L'origine de ce droit personnel, c'est ou le versement d'une dot religieuse, ou le contrat de louage de services passé avec la communauté, quelquefois la dot cumulée avec le service.

Au sujet de la dot religieuse, le droit canonique et le droit civil sont parfaitement d'accord sur ce point, c'est qu'elle doit avoir pour cause et pour limite une obligation alimentaire.

Quant au louage de services, il est trop juste qu'il soit payé en argent ou en nature, avec une réserve pour le cas de vieillesse ou de maladie. Posons deux ou trois chiffres pour bien faire comprendre notre pensée. Une religieuse non dotée rendra à une communauté des services évalués 3 fr. 50 c. par jour. La communauté lui fournira en nourriture, vêtements, logement, chauffage, éclairage, etc., une prestation évaluée 2 fr. 50 c. Il restera entre les mains de la communauté un boni de 1 fr. par jour, qui ne pourra se prescrire, puisqu'il est dû conditionnellement et à terme. Ce sera la réserve pour faire face aux dépenses dans la maladie et aux soins pendant la vieillesse.

Ajoutons immédiatement que cet exemple ne peut être généralisé à titre d'argument. Une Sœur de Saint-Vincent de Paul, envoyée en Chine, rendra des services, non pas à la communauté, mais à la civilisation française et chrétienne, et elle coûtera à la congrégation beaucoup plus de 2 fr. 50 c. par jour.

C. — C'est bien un bail à nourriture de personnes qui résulte de ces conventions écrites ou verbales.

« Attendu, portait le jugement du tribunal de Castres, con-
« firmé par l'arrêt cité plus haut, que l'acte de dotation.... ne
« donne à la religieuse aucun droit de copropriété sur les biens
« appartenant à la communauté, et ne lui procure d'autre avan-

« tage matériel que celui de recevoir, dans la maison religieuse,
« son entretien suivant la règle, tant qu'il lui conviendra d'y
« rester soumise....; que la loi de 1825, en accordant une
« simple *pension alimentaire* aux religieuses survivantes, semble
« n'avoir voulu que *continuer* en leur faveur l'*exécution des obli-*
« *gations contractées par la communauté* elle-même.... »

Et la cour de cassation précisait, de son côté, le caractère du
même contrat :

« ..... Attendu qu'en échange de l'obligation par elle con-
« tractée de payer une somme de 6.000 fr., Irma Levezac s'assu-
« rait, pendant sa vie, tous les avantages de la vie commune
« dans la congrégation dans laquelle elle entrait, et suivant les
« règles de cette congrégation ; qu'en décidant que ce **contrat**
« **présentait des affinités frappantes avec le contrat** qua-
« lifié.... **de bail ou convention de nourriture de personnes,**
« le jugement attaqué, loin de violer la loi.... »

D. — Dans la célèbre discussion qui a eu lieu sur le droit
d'accroissement, à la Chambre des députés, les 8 et 9 décembre 1890, les adversaires réels ou apparents de M. Piou
n'ont pas trouvé deux prétextes pour essayer de justifier le
droit d'accroissement sans accroissement, ils n'en ont trouvé
qu'un seul. M. Clausel de Coussergues l'a formulé ainsi :

« Voici, en effet, une association composée de cent membres
« religieux ou non religieux ; les revenus s'élèvent à 100.000 fr.;
« l'association est propriétaire du fonds et des revenus ; mais
« **elle est tenue,** vis-à-vis de chacun de ses membres, **sa vie**
« **durant,** à une dette qui consiste à **le nourrir et à l'entretenir.**
« Lorsqu'un membre meurt, il est parfaitement certain —
« comme le disait l'administration — qu'il [n'y a pas transmis-
« sion de biens ; que les biens qui appartenaient à l'association
« ne lui appartiennent pas davantage le lendemain, puisqu'elle
« en était, la veille, pleine et entière propriétaire. Néanmoins,
« par la retraite ou la mort d'un de ses membres, l'association
« recueille un avantage, celui de s'affranchir de la charge qui
« pesait sur elle et d'une participation dans les revenus du fonds

« dont la jouissance était commune. » (*Journal officiel* du 10 décembre 1890, page 2507, col. 1 : débats de la Chambre.)

Le raisonnement de M. Clausel de Coussergues, sur le point
qui nous occupe, est absolument irréprochable; sur les autres
points, il omet d'expliquer pourquoi les compagnies de rentes
viagères ne payent aucun droit au décès des rentiers; pourquoi
elles payent l'impôt sur le revenu *net* de *31 centimes* pour 100 fr.
de réserve, tandis que les congrégations payent sur un revenu
brut fictif de *5 fr.* pour 100 fr. d'actif brut; pourquoi les droits
de transfert et de succession sont basés pour ces mêmes compagnies, à raison du capital correspondant au revenu net, sur 8 ou
10 fr. pour 100 fr. de réserve, et pour les congrégations sur
100 fr. d'actif brut, sans aucune déduction.

E. — Quoi qu'il en soit, le bail à nourriture, dont l'existence,
dans la constitution des congrégations, est reconnue par tout le
monde, est, en principe, ainsi apprécié dans le traité de Cham-
pionnière et Rigaud :

Nº 1504. « La rente viagère offre des points de similitude avec
« le bail à nourriture : ainsi l'une et l'autre de ces conventions
« ont le même objet, surtout si la rente viagère est alimentaire.
« La ressemblance est plus grande encore lorsque cette rente
« est payable en denrées propres à la nourriture ou à l'entre-
« tien (1). Mais elles diffèrent :

« 1º En ce que le bail à nourriture comporte l'obligation de
« nourrir, de loger, de vêtir, chauffer, éclairer, etc., *cibaria,*
« *vestitus, et habitatio debebitur, quia sine his ali corpus non potest*
« (Dig. 34, 1, 6). La rente alimentaire ne consiste que dans la
« fourniture d'une certaine quantité de denrées d'une espèce
« déterminée, suffisante ou non pour les besoins du créancier.

« 2º Le bail à nourriture tient du droit d'usage; la personne
« nourrie doit consommer elle-même ce qui lui est donné
« (art. 630 C. C.); elle peut exiger tous les aliments qui lui sont

---

(1) Conforme Pothier, nº 233. — La rente viagère peut consister en argent
ou en denrées.

2

« nécessaires. Le crédi-rentier peut vendre les choses qu'il
« reçoit en payement de la rente, et ne peut rien réclamer au
« delà de la quantité fixée. »

Le bail à nourriture qui, par le fait de la profession, intervient entre une religieuse et la communauté, est réglé par ces
principes, pour celles des religieuses qui vivent en commun.
L'expression *portion de religieux* avait jadis, dans le style du palais,
une signification précise qui exprimait énergiquement et la
nature de la prestation, et sa quotité (1). Mais il est évident qu'il
ne peut plus être question de prestations de denrées en nature,
pour des religieuses qui vivent à l'étranger (en Chine, au Séné-
gal, etc.), ou même pour celles qui, en France, tiennent des
postes isolés, qui dirigent de petites écoles à la campagne. Dans
le premier cas, le bail à nourriture se rapproche infiniment du
contrat de rente viagère; dans le second, il se confond absolument avec lui.

F. — Lorsque le débiteur d'une rente viagère, d'une pension
ou prestation alimentaire, se trouve réduit à une situation qui
met sérieusement en péril les droits de son créancier, ce dernier a le droit d'agir et de demander ses sûretés, non pas pour
faire résilier le contrat, mais pour le faire exécuter plus pleine-
ment. *Interest ejus cautum habere.* Il est de l'intérêt de ce créancier, conditionnel ou à terme, d'obtenir des garanties, en cas
de saisie des biens de son débiteur, et la garantie doit lui être
accordée dans la mesure de son intérêt. Entre les divers moyens
que l'ancien droit coutumier proposait pour la sûreté du crédi-
rentier (2), les auteurs du code civil ont choisi de préférence le
plus sûr :

C. C. 1978. « Le seul défaut de payement des arrérages de la
« rente n'autorise point celui en faveur de qui elle est constituée

---

(1) Extrait d'un bail passé au tabellionnage de Caudebec-en-Caux le 6 février 1614 : « .... et pendant que lesdits preneurs (les fermiers d'une dîme)
« seront, ou leurs gens, à faire décharger ledit blé, il leur sera délivre deux
« *portions de religieux* chacun jour. »

(2) Pothier, *Rente viagère*, n° 231.

« à demander le remboursement du capital, ou à rentrer dans le
« fonds par lui aliéné; il n'a que le droit de saisir et de faire
« vendre les biens de son débiteur, et de *faire ordonner ou*
« *consentir*, sur le produit de la vente, l'*emploi d'une somme suf-*
« *fisante* pour le service des arrérages. »

Il nous a paru évident que la saisie des revenus d'un couvent,
suivie peut-être demain d'une saisie-exécution et d'une saisie
immobilière, suffisait pour mettre en mouvement l'action en
garantie des religieuses. D'après l'article 1188 du code civil, le
débiteur perd le bénéfice du terme, quel que soit le mode d'exécution forcée employé contre lui. Le chiffre des condamnations
prononcées, les considérations développées aux §§ I et II legi-
timent suffisamment une demande de production à contribution.

Quant au chiffre de la garantie, sans nous embarquer dans les
supputations, les discussions sur la valeur de l'argent, les divi-
sions, les subdivisions, les conditions des rentes liquidées sous
l'ancien régime ou dans la période révolutionnaire, nous avons,
tout simplement et modestement, évalué le salaire d'une ou-
vrière, à Rouen, et calculé le capital d'une rente sur l'Etat,
assurant chaque année l'équivalent de ce salaire. Assurément,
ce chiffre ne sera pas taxé d'exagération.

§ V. — Réfutation des objections.

A. — *1e objection.* — Mais, nous a-t-on déjà dit, la loi de 1825
a prevu un seul cas pour la liquidation de la pension alimentaire. En dehors de ce cas, celui de dissolution, les religieuses
n'ont le droit de rien réclamer.

— Pour bien comprendre la loi de 1825, il faut étudier le
régime des congrégations avant 1789, les conditions de leur
suppression par la Révolution, les idées nouvelles qui ont pré-

sidé à leur rétablissement dans les temps modernes. Sous ces trois périodes, c'est toujours le cas de la suppression qui a le plus vivement attiré l'attention, d'abord parce que c'est la mesure la plus radicale, ensuite et surtout parce que, dans ce cas, les biens passant en d'autres mains, il a fallu de tout temps imaginer des précautions particulières pour que les bénéficiaires anciens ne soient pas frustrés de leurs droits.

Ce n'était pas parfait, à beaucoup près, avant 1789. Les seigneurs féodaux qui représentaient les fondateurs d'un monastère ne se prêtaient pas volontiers à sa suppression. Toussaint-Duplessis (*Vexin, no 213*) raconte longuement les incidents relatifs à un prieuré de Pavilly, ballotté de juridiction en juridiction de 1694 à 1728, soit pendant 34 années.

Sous la Révolution, les mesures ont été plus promptes, plus radicales, plus énergiques. On liquidait immédiatement les pensions, sauf à les retirer aux religieuses qui refusaient de prêter certains serments contraires à leur conscience, et à les maintenir expressément à celles qui s'engageaient dans les liens d'un mariage purement civil. (Décret des 7-16 août 1792, art. 6.)

Le législateur de 1825 a, dans un esprit de justice et dans un but de conciliation, réglé la destination des biens et l'assiette des pensions, pour le cas unique d'extinction ou de suppression d'une congrégation. L'art. 7 de la loi du 24 mai dispose que, dans ce cas, les biens donnés feront retour aux parents au degré successible des donateurs ou testateurs ; quant aux biens qui ne feraient pas retour ou qui auraient été acquis à titre onéreux, ils seraient attribués moitié aux hospices, moitié aux établissements ecclésiastiques.

Dans ce conflit d'intérêts contradictoires, provoqué par des actions en révocation, des partages, *la voix de la justice et de l'humanité*, comme disait le rapporteur, *s'est fait entendre assez haut* pour qu'on ait songé avant tout à assurer le sort des religieuses. Leur pension alimentaire sera prélevée : 1o sur les biens acquis à titre onéreux ; 2o subsidiairement sur les biens acquis à titre gratuit, lesquels, dans ce cas, ne feront retour aux

familles des donateurs ou testateurs qu'après l'extinction des-
dites pensions.

B. — Mais de ce que le législateur a tracé d'avance aux tribunaux les règles précises à observer dans une question aussi
complexe, peut-on conclure que les religieuses n'auraient
aucune action pour leurs aliments, dans des cas beaucoup plus
simples, susceptibles d'être réglés par les principes ordinaires
du droit commun ?

Est-ce à dire que le législateur moderne aurait répudié les
décisions d'équité et d'humanité rendues par l'ancienne jurisprudence ?

Est-ce à dire que, pour les religieuses seules, la loi de 1825
aurait supprimé les conséquences de contrats dont les effets
ordinaires sont déterminés par le code civil ?

Ce n'était pas seulement le cas de suppression d'une congrégation qui, avant 1789, donnait ouverture à la liquidation de la
pension alimentaire des religieux et religieuses. Il suffit de bien
chercher pour en trouver d'autres.

A plusieurs reprises, la réforme monastique a été introduite
dans les abbayes. La plus récente et la plus célèbre est la réforme
dite de *Saint-Maur*. Elle a été appliquée, spécialement en Nor-
mandie, à la plupart des monastères de Bénédictins, Jumièges,
Saint-Ouen, Le Bec, etc. Or, au moment où l'on proposait la
réforme, elle était acceptée par certains religieux, ne l'était pas
par d'autres. Pour l'appliquer, les religieux *réformés* devaient
passer avec les religieux *non réformés* des concordats à l'effet de
régler leur pension alimentaire et de la leur assurer. Il fallait
de plus soumettre ces concordats aux parlements, à l'autorité
royale, à l'autorité ecclésiastique. Nos archives publiques con-
tiennent un grand nombre de concordats de ce genre, qui sont
énoncés dans les preuves de *Gallia christiana*, tome VII, *Supplément*,
pages 176 et suiv., et analysés dans un réquisitoire prononcé
par Denis Talon devant le Parlement de Paris, le 26 février 1661,
et reproduit tome IV des *Anciens Mémoires du clergé*, pages
928 et suiv.

C. — Mais voici un cas heureusement beaucoup plus rare. Un monastère de filles, après avoir emprunté au delà de ses ressources, est exproprié par ses créanciers. Ceux-ci demandent la mise en vente de tout, de la ferme, du monastère, de la chapelle, même des vases sacrés. La supérieure se borne à invoquer l'insaisissabilité de ce qui est affecté à un usage religieux. Les religieuses ne réclament rien en leur nom personnel. Qui prendra leur défense?

C'est l'avocat général du roi qui intervient d'office en leur faveur. Il s'appelait Omer Talon. Les notices biographiques sont unanimes à constater que c'était une des plus nobles figures de l'intègre et savante magistrature du xviie siècle.

« Mais, disait cet éminent magistrat, il y a des filles qui ont
« apporté leur dot audit monastère. Cette dot a été employée
« au même bâtiment ou à rembourser et payer le principal ou
« les intérêts de ceux qui ont prêté. Elles ne peuvent, là où elles
« sont, se plaindre ni réclamer et n'ont personne pour parler
« pour elles, ne savent ce qu'elles deviendront ; par conséquent,
« il faut en avoir quelque soin, lorsque la distribution du prix
« se fera. Ce qui les oblige (les officiers du ministère public), en
« la place où ils sont, de supplier la cour les recevoir opposant,
« pour elles, à la distribution des deniers, ne se pouvant les
« malheureuses filles opposer ; pour savoir s'il y aurait lieu de
« les rembourser du tout ou du moins de quelque partie, pour
« ne pas les laisser dépourvues et à l'abandon, les placer en
« quelque autre maison ; et cependant mettre sur l'appel.... »

Le Parlement de Paris, faisant droit à l'intervention d'office,
« a reçu et reçoit ledit procureur général du roi opposant à la
« distribution des deniers qui proviendront de la vente desdits
« biens, pour lui être fait droit lors de la distribution, ainsi qu'il
« appartiendra.... Fait en Parlement, le 15 février 1650. »
(Anciens Mémoires du clergé, tome IV, p. 527.)

D'après les principes du droit moderne, *jura vigilantibus prosunt*, c'est aux religieuses elles-mêmes à faire valoir leurs droits ; ce n'est pas une action en répétition de dot qu'elles peuvent exercer, mais une action en garantie alimentaire, aux termes de l'art. 1978 du code civil.

D. — Le code civil, le droit commun, suffisent en effet pour permettre, le cas échéant, aux tribunaux de résoudre une foule de difficultés qui n'ont pas été prévues par la loi de 1825. Sans doute, le haut et puissant arbitrage de l'Evêque préviendra la plupart des conflits qui peuvent s'engager entre une religieuse et sa communauté. Mais, malgré tout, il pourrait en venir devant les tribunaux. Nous posons à regret l'hypothèse suivante ; mais elle est nécessaire pour notre démonstration. Supposons quelque part, ailleurs que dans le diocèse de Rouen, une religieuse renvoyée d'un couvent, à tort, contrairement aux statuts, demandant aux tribunaux à rentrer, en obéissant de se conformer à la règle, et, à défaut par la communauté de la recevoir, la condamnation à une provision et une pension alimentaire. Est-ce que la justice française se bornerait à lui répondre que son droit aux aliments pourra s'exercer seulement lorsqu'une loi aura prononcé la révocation de l'autorisation ?

D'un autre côté, faut-il attendre, pour appliquer la loi de 1825, qu'elle ne soit plus applicable, faute d'actif ? La ruine marchera vite, très vite, avec les taxes de la loi de 1884, pour la plupart des communautés religieuses, surtout s'il y a déjà des dettes hypothécaires préexistantes, si le personnel est âgé, enfin si la valeur des immeubles a été considérablement exagérée par le fisc. Elles ne tarderont pas à devenir absolument insolvables.

Insolvables ! Mais elles le sont déjà ; car si, dans les états officiels du personnel, on compte le nombre des membres ; si, dans les états officiels des immeubles, on suppute la valeur des biens, on ne trouvera pas une communauté, pas une seule, qui puisse offrir à ses religieuses des sûretés suffisantes pour la pleine garantie d'une pension alimentaire convenable. Dans la plupart des congrégations, la valeur des biens n'atteindrait pas la dixième partie de la garantie nécessaire.

E. — *2e objection.* Mais, nous dit-on encore, les religieuses sont de quasi-usufruitières des biens de la communauté. Les revenus doivent être mis en commun. Chacune doit supporter sa part proportionnelle des charges. Chacune doit profiter de sa part virile dans les revenus nets.

— Il n'y a pas de milieu pour les religieuses.

Ou bien elles ne sont soumises à aucune règle, elles ont alors le droit de prendre à la caisse ;

Ou bien elles sont soumises à une règle, elles sont alors tenues de recevoir leur entretien, et rien de plus.

Dans le premier cas, on se trouve en présence d'une conception imaginaire comme celle de l'abbaye de Thélème, où la seule règle était de *faire ce que l'on voudrait*, conception malheureusement réalisée par la Révolution, qui permettait à une ex-religieuse de se marier civilement et de continuer à jouir de sa part dans les revenus du couvent. Cette anarchie des monastères ne pouvait durer et n'a pas duré.

Dans le second cas, la communauté doit à chaque religieuse son entretien, suivant les statuts appliqués par la supérieure et son conseil. A une religieuse envoyée à l'étranger, à une malade, il faudra plus ; à une qui reste au couvent et qui est bien portante, il faudra moins. L'excédent des revenus sur les charges, s'il y en a, reçoit un emploi réglé par la supérieure et son conseil, sans que les autres religieuses puissent critiquer l'emploi, lorsqu'il est matériellement constaté. C'est, pour toutes les communautés de France, la seule règle admise par le conseil d'Etat, la seule sensée, la seule possible.

Ajoutons seulement cette réflexion. Ce ne serait pas la Régie qui aurait intérêt à faire prévaloir la thèse de la jouissance indivise ; ce seraient les religieuses qui auraient avantage à l'opposer, toute fausse qu'elle soit, en vertu de l'autorité de la chose jugée. Si cette thèse était véritable, en effet, la communauté, seule débitrice de l'Enregistrement, serait nu-propriétaire ; pas d'exécution possible contre elle. Quant aux revenus, comme nous le verrons aux §§ VIII et IX, il n'y aurait d'action, soit personnelle, soit privilégiée, que sur la quote-part des religieuses décédées.

F. — *3° objection.* — Mais les religieuses sont personnellement débitrices de l'administration.

— C'est en désespoir de cause, à la dernière heure, que l'administration émet cette prétention. Dans les centaines de contraintes décernées contre les supérieures de congrégations autorisées, elle a pris soin de spécifier que c'était en leur seule qualité de *supérieures.* Le texte de la loi de 1884 condamne absolument cette chicane nouvelle. Et ce ne sont pas les conséquences de cette loi, révélées par la présente note, qui permettront d'aggraver le texte de la loi pour compromettre le droit des religieuses à leurs aliments.

§ VI. — Privilèges pour fournitures et provisions alimentaires.

A. — On pourrait prétendre, on soutiendra peut-être un jour, dans un ordre, que le droit des religieuses à la garantie alimentaire, protégé par un véritable *droit de suite,* aux termes de l'art. 7 de la loi du 24 mai 1825, constitue un premier privilège ; que ce premier privilège serait primé seulement par les hypothèques autorisées par décret présidentiel. Mais cette question est tout à fait prématurée.

Dans une distribution par contribution de loyers, il peut seulement être question des privilèges de droit commun, c'est-à-dire de ceux qui sont réglés par l'art. 2101 du code civil.

La demande de privilège peut être formulée :

1° Par les fournisseurs de subsistances ;

2° Par les religieuses qui ont payé ou qui se trouvent obligées de payer, sur leurs autres biens personnels, le prix de ces subsistances, pendant le temps où elles sont privilégiées ;

3° A titre de salaires, spécialement par les Sœurs converses.

Un mot sur chacun de ces privilèges.

B. — Pour les fournitures de subsistances faites à la communauté, pendant les six derniers mois, par les marchands en détail, tels que boulangers, bouchers et autres, et, pendant la dernière année, par les marchands en gros, il existe un privilège accordé par l'art. 2101, n° 5, du code civil. Incontestable dans son principe, quand il est revendiqué par les fournisseurs eux-mêmes, comme dans l'espèce soumise au tribunal de Rouen, par le boulanger de la communauté, il a été discuté quant à son efficacité et à sa continuité, pour les fournitures continuées après une saisie-arrêt.

Mais il est de règle que les fruits civils s'acquièrent jour par jour. Un usufruitier n'a d'autres ressources que les revenus d'un immeuble loué pour neuf ans. Il est inadmissible qu'il soit condamné à ne pas manger pendant tout le cours des neuf années, parce qu'un créancier quelconque aurait fait une saisie-arrêt dès la première année du bail. Le privilège des aliments pourra, au contraire, s'exercer à chaque terme. Tant qu'il n'y aura pas dévolution au profit du saisissant, ni forclusion contre le privilégié, il conservera tout son effet.

C. — Tant que les religieuses n'ont pas obtenu la distraction de la somme nécessaire pour leur garantie alimentaire, tant que cette somme n'aura pas été touchée, placée, et n'aura pas produit son premier terme d'intérêt, les religieuses auront droit à une provision. Elle sera privilégiée au moins pour partie, si les religieuses ont payé à même leur fortune personnelle, le prix des subsistances privilégiées, dans la mesure où ces subsistances sont privilégiées. Les Sœurs sont tenues personnellement, avec la communauté ou pour elle, au payement de cette dette. Elles ont un intérêt à l'acquitter. Conséquemment, la subrogation légale de l'art. 1251, n° 4, se fait à leur profit. N'ont-elles pas encore payé? Elles sont assurément, vis-à-vis des fournisseurs, cautions de la communauté, chacune pour sa consommation personnelle, et elles peuvent agir contre la communauté en vertu de l'art. 2032, n° 2, du code civil.

Il ne faudrait pas inférer du mot de *fortune personnelle* employé ci-dessus, que toutes les religieuses jouissent de cet avantage.

Mais heureusement il y en a encore quelques-unes. Certaines communautés n'ont pu vivre, ces dernières années, que grâce aux sacrifices généreux faits par un ou plusieurs de leurs membres. Il se trouvera sans doute un jour des héritiers pour réclamer un compte rigoureux de capitaux employés au payement des impôts monstrueux recouvrés ou réclamés par la Régie.

D. — Si l'on ne peut considérer toutes les religieuses comme *gens de service* de la communauté, on ne peut refuser les bénéfices de ce titre aux Sœurs converses, qui font la cuisine, le lavage, tous les ouvrages pénibles. Leurs salaires, comprenant la nourriture, sont déclarés privilégiés par l'art. 2101, n° 3, du code civil.

§ VII. — Insaisissabilité partielle des revenus affectés à des œuvres hospitalières.

A. — Plus intéressant encore est l'*argent des pauvres*.

Des familles généreuses ont donné des immeubles, des capitaux, des rentes, à des congrégations hospitalières, avec la condition spéciale de les employer au profit de pauvres, de malades, de vieillards, d'enfants, dans une localité déterminée.

Il est déjà bien odieux de voir la Régie réclamer des droits de 4 0/0 sur le revenu, des droits d'accroissement sur le capital de ces fondations qui ne rapportent rien à la congrégation.

Mais ce qui constitue le comble de l'injustice, *summa injuria*, c'est de la voir diriger son exécution forcée, précisément sur les revenus de ces fondations.

C'est ce qu'elle a fait en plusieurs endroits : dans la Haute-Garonne, où un directeur de l'Aveyron n'a pas craint de saisir-arrêter entre les mains du donateur lui-même la rente qu'il avait donnée par acte authentique, et qu'il servait en retenant le capital ; au Mans, où le receveur a envoyé saisir, dans l'ar-

rondissement voisin, les revenus de l'hospice de Mlle Hébert à
Mamers ; à Forges, où les revenus des fondations des nobles et
grandes familles d'Aubusson de la Feuillade et de Bauffremont-
Courtenay sont l'objet d'exécutions semblables.

Comme nous ne sommes le conseil que d'une partie des communautés de France, il est sans doute beaucoup de saisies analogues que nous ignorons.

B. — Deux questions se posent à ce sujet : la question de forme et la question de fond.

L'insaisissabilité pourra être soutenue, comme système de défense, par la supérieure de la communauté, assignée en validité par la Régie. On procédera alors par signification de mémoires, sans plaidoirie, sans faculté d'appel. C'est la procédure qui a été suivie au Mans. Nous ne saurions la conseiller dans de pareilles circonstances.

L'insaisissabilité pourra être soutenue par tous les intéressés, sous forme d'incident, d'intervention, d'action principale en nomination de séquestre ou autre intentée dans le même esprit. Sous le nom d'intéréssés, nous comprenons le donateur et ses héritiers, les maires des communes qui ont été autorisés par article spécial du décret à accepter le bénéfice de ces donations ; mais il est douteux que les préfets encouragent les interventions des communes. Les pauvres et les malades admis par décision régulière dans ces établissements hospitaliers pourraient, avec le bénéfice de l'assistance judiciaire, mettre la commune en demeure d'intervenir, et, sur son refus, agir eux-mêmes. Enfin, les fournisseurs alimentaires, et les Sœurs elles-mêmes, soit parce qu'elles sont créancières, soit parce qu'elles sont intéressées à ne pas supporter, sur d'autres ressources, des dépenses charitables auxquelles des ressources spéciales sont affectées.

Les mêmes personnes qui ont le droit d'intervenir pourraient, le cas échéant, former tierce opposition au jugement rendu, entre la communauté et la supérieure seule, sur la validité de la saisie-arrêt. Il est de principe que les jugements rendus entre le Trésor et son débiteur ne peuvent être attaqués par ce dernier qu'en cassation. Mais cette restriction du droit de libre défense est limitée au débiteur seul. Il est reconnu par la jurisprudence, il est reconnu par l'administration elle-même que la tierce opposition est recevable de la part des tiers lésés. (Code d'enregistrement de Dalloz et Vergé, nos 6272 à 6275.) Il est sans difficulté que, dans ce cas, la plaidoirie est permise et la faculté d'appel est ouverte.

C. — Sont insaisissables, d'après l'art. 581 du code de procédure civile, « les sommes et pensions pour aliments, encore « que le testament ou l'acte de donation ne les déclare pas insai- « sissables. »

Dans l'affaire soumise au tribunal du Mans, la donation par Mlle Hébert d'une ferme avait eu lieu sous différentes conditions, notamment.... 4o de fonder dans la ville de Mamers, et à *perpé-tuité*, un asile où seraient reçus 12 vieillards, hommes ou femmes, nécessiteux et sans ressources. Ces vieillards devront être reçus, nourris, blanchis, éclairés, chauffés et soignés, sans qu'ils aient à payer aucune rétribution.

Avec le secours des lumières de la Régie, le tribunal du Mans a trouvé qu'il n'y avait pas là d'affectation perpétuelle, que l'immeuble était entré aux mains de la communauté, absolument libre de toute charge, et qu'elle pouvait l'aliéner sans manquer en rien aux conditions qui lui avaient été imposées par le testament.

Si jamais la communauté était obligée d'aliéner cet immeuble, uniquement pour faire un emploi plus avantageux aux pauvres, nous sommes convaincu qu'en exigeant cet emploi, le maire de Mamers et le conseil d'Etat comprendraient autrement les principes d'honnêteté qui doivent régir la gestion des biens des pauvres.

Dans l'affaire soumise au tribunal de Neufchâtel, il semblait que la Régie se trouverait désarmée. La délivrance de legs de Mme la princesse de Bauffremont-Courtenay portait en termes exprès :

« La maison dite Maison de Marie sera affectée à *perpétuité*....

« Les revenus des autres biens seront *affectés aussi à perpé-*
« *tuité à l'entretien et aux besoins de cet établissement....*

« Il doit *toujours* y avoir dans cet établissement cinq pauvres
femmes..., six jeunes filles..., élevées gratuitement.... »

L'administration de l'Enregistrement, dont le sens moral
semble s'oblitérer dans ces questions du droit d'accroissement,
a trouvé le moyen de soutenir qu'il n'y avait là qu'une *simple
indication...*; que ce n'était pas insaisissable ni alimentaire
(sans doute l'*entretien* doit s'entendre de calèches, et les *besoins*
sont ceux des chevaux de luxe)..., enfin, que son fameux privilège primait tout et permettait tout.

Voyons un peu ce fameux privilège.

§ VIII. — Discussion du privilège réclamé par la Régie.

A. — En principe, les droits d'enregistrement proprement
dits, les droits d'hypothèques, les taxes nouvelles sur le revenu,
celles des sociétés, ne sont nullement privilégiés.

La Régie ne peut réclamer un privilège que pour les droits de
succession, et uniquement sur les revenus des successions.

C'est dans l'art. 32 de la loi du 22 frimaire que se trouve le
texte fort obscur qui a organisé ce privilège, réminiscence très
vague de l'ancien droit féodal :

« La nation aura action sur les *revenus des biens à déclarer,* en
« quelques mains qu'ils se trouvent, pour le payement des
« droits dont il faudrait poursuivre le recouvrement. »

Après des avis interprétatifs du conseil d'Etat, après des
conflits sans nombre portés devant les tribunaux, les cours
d'appel, la cour de cassation, jugeant, se déjugeant, pour revenir ensuite à leur première décision, on est arrivé, au moins
pour les droits de mutation sur les successions réelles, à for-

muler les règles suivantes. Dans la situation budgétaire actuelle, elles peuvent être considérées comme définives.

Contre l'héritier. . .	{	Sur son patrimoine personnel, action purement personnelle.
		Sur ses revenus personnels, action purement personnelle.
Contre la succession.	{	Sur les capitaux successifs, action purement personnelle.
		Sur les revenus successifs, action réelle et privilégiée.

Dans le premier et le troisième cas, l'action personnelle peut devenir hypothécaire par le fait d'un jugement obtenu. Dans le dernier cas, l'action cesse d'être privilégiée pour tous les revenus qui prennent le caractère de capitaux, fermages échus et prorata couru au décès, fermages immobilisés par une saisie ou une notification, et quand les biens eux-mêmes changent de main.

B. — L'administration, rappelant les principes du privilège sur les revenus dans une solution récente (*Dalloz*, 1891, 3-64), sur laquelle nous reviendrons au § suivant, s'exprime ainsi :

« Suivant les termes d'un arrêt de la chambre civile du « 2 juin 1869 (*Dalloz*, 1869, 1-428), l'impôt a, selon le texte et « l'esprit de la loi, le caractère d'une dette naissant avec l'*ouver-* « *ture de la succession* et inhérente, dès ce moment, à tous les « biens qui la composent. » Et la même décision ajoute : « L'existence du privilège (sur les revenus), loin d'être en « contradiction avec le caractère de dette inhérente à la succes- « sion, attribué à l'impôt de mutation par décès, en est la pleine « et entière affirmation. Ce privilège a, en effet, sa cause et sa « raison d'être dans le seul fait que, au moment où il naît, la « créance dont il est la sauvegarde a, comme toute autre « créance, son gage dans les biens de la succession. »

Et l'administration ajoute à la fin de sa solution : Si le **Trésor** a un privilège sur les biens de la succession, c'est uniquement parce qu'il est le créancier de la succession.

Voilà qui est fort bien déduit. Mais comment appliquer une ligne, un mot, une syllabe de cette argumentation au droit fiscal réclamé, lors du décès d'une Sœur dans une congrégation de femmes autorisée ?

C'est un droit de mutation par décès, dit la Régie. Ne la chicanons pas sur les mots. Celui qui a le mieux défendu le principe de cette taxe, M. Clausel de Coussergues, a pourtant dit : « Je « comprends qu'on ait établi à cette époque un impôt ayant une « certaine ressemblance avec le droit de transmission, mais *qui* « *n'est pas cependant le droit de transmission.* » (*Journal officiel* du 10 décembre 1890, page 2507, col. 1 : débats de la Chambre.) C'est donc bien plutôt un droit dit de succession qu'un droit de succession.

Faisons néanmoins cette concession à la Régie : on pourra appeler cette taxe un droit de mutation par décès. Mais quelle est la cause et la raison d'être du privilège ? C'est l'ouverture d'une succession. Vous venez de le dire vous-mêmes. Or, tout le monde en convient, vous l'avouez vous-mêmes : **il n'y a pas de succession.** La religieuse ne transmet à la communauté aucune partie des biens du couvent. Votre privilège, absolument fictif, porte sur rien du tout.

Qu'on nous permette une hypothèse. Elle n'est guère réalisable en France, cette patrie du bon sens. Mais à l'étranger, dans un Etat besogneux, un législateur fiscal aux abois pourrait taxer l'eau potable au même taux que le vin ; mais il ne pourrait, quelque puissance qu'il eût, changer l'eau en vin, donner à l'une la saveur et le prix de l'autre. Et si son privilège consistait uniquement en un droit de confiscation, la garantie du nouvel impôt serait de l'*eau claire*.

Le *vin*, ce sont les actions des sociétés, que l'actionnaire peut laisser à ses héritiers, peut donner pendant sa vie. Il peut les vendre à la Bourse ou hors Bourse, et en faire à chaque heure de l'argent.

L'*eau*, c'est la quote-part fictive d'une religieuse sur les biens de la communauté autorisée. Elle n'en peut pas faire plus d'argent qu'un citoyen ne peut réaliser sa quote-part fictive dans les biens municipaux de la ville qu'il habite.

C. — La raison d'être du privilège fait tout à fait défaut entre le Trésor et son débiteur. Mais un privilège est fait pour être opposé à quelqu'un, aux autres créanciers chirographaires ou privilégiés, par exemple aux fournisseurs de subsistances.

Or, vis-à-vis de ces tiers, on conçoit très bien la cause et la raison d'être du privilège, quand la communauté recueille pour la première fois un bien, lors même que ce bien aurait une affectation hospitalière. C'est un nouveau patrimoine pour la communauté. Le boulanger, le boucher et autres ne peuvent compter sur ce nouveau gage, que lorsqu'il est entré dans le patrimoine de la congrégation, absolument franc et quitte de toutes dettes antérieures à la succession ou inhérentes à son ouverture.

Mais quand une fois ce nouveau patrimoine est net, le fournisseur doit compter sur les revenus. Or, il arrivera quatre-vingt-dix-neuf fois sur cent que le nombre des consommateurs ne changera pas. Deux Sœurs mourront dans une communauté, elles seront remplacées par deux novices ; une Sœur s'en ira d'un poste, une autre la remplacera. Ne serait-ce pas une souveraine injustice de compromettre les droits de ces tiers, alors que dans l'article 9 de la loi du 29 décembre 1884 on ne faisait aucune allusion à ce prétendu privilège secret ?

Il est vrai que, dans l'art. 5 du projet de loi du 4 juin 1892, on réparait l'oubli et on proposait d'allouer au Trésor un privilège. Mais cet argument se retourne contre la Régie, puisque ce projet n'est même pas venu en discussion.

§ IX. — Restriction du privilège supposé de la Régie, quant à l'assiette du privilège et au chiffre de la créance privilégiée.

A. — Mais le privilège, si privilège il y a, s'étendra-t-il sur tout, s'étendra-t-il à tout ? Ici, nous ne pouvons croire à une contradiction sérieuse.

Les revenus des biens à déclarer, dit l'art. 32. Quels biens la Régie a-t-elle demandé à la congrégation de déclarer ? Une quote-part fictive. S'il est mort huit Sœurs sur cent, de lui déclarer huit fois un centième. Quels biens le tribunal a-t-il condamné à déclarer ? Identiquement les mêmes quotités.

Est-ce que la Régie aurait deux poids et deux mesures ?

Voici une espèce récente qui demande deux mots d'explication pour bien comprendre l'arrêt. Un sieur Victor Laherard meurt dans l'arrondissement de Langres. On paye les droits de succession. Une dame Pierre, héritière pour un tiers du sieur Victor Laherard, décède à son tour, saisie d'un tiers de la succession et laissant une fille héritière bénéficiaire. Cette dernière négligeant d'acquitter les droits, la Régie fait pratiquer une saisie-arrêt sur les revenus de toutes les valeurs héréditaires. Jugement du tribunal de Langres, puis appel et arrêt de la cour de Dijon du 22 août 1881, rapporté par le *Journal de l'Enregistrement,* n° 22077, et ainsi conçu, dans la partie qui nous intéresse :

« Attendu que l'appel des consorts Laherard a pour objet de « faire réformer le jugement du 20 mai 1880, en ce que le « tribunal de Langres a accordé à la Régie de l'Enregistrement « un privilège sur la totalité des revenus de la succession « délaissée par Victor Laherard, pour recouvrement des droits « et demi-droits en sus dus en vertu des art. 32 et 39 de la loi du « 22 frimaire an VII, par la demoiselle Célina Pierre, héritière « bénéficiaire..., qui a omis de faire la déclaration de mutation « dans les délais prescrits par l'art. 24 de cette loi ;

« Que les appelants reprochent aux premiers juges d'avoir
« statué *ultra petita*, alors que la Régie, *dans ses conclusions,*
« avait *demandé seulement* qu'on lui attribuât le tiers de ces
« revenus ;

« Attendu que l'administration, à laquelle les consorts
« Laherard ont, le 18 décembre 1880, signifié leur appel, a, par
« un acte du palais en date du 5 février 1881, déclaré à ceux-ci
« **qu'elle n'entendait point se prévaloir de la disposition du**
« **jugement qui lui attribuait la totalité des revenus ; qu'elle**
« **ne voulait l'exécuter que sur le tiers des intérêts,** fruits et
« **revenus de la succession,** et qu'elle a renouvelé ces déclarations
« à la barre de la cour.... »

Pourquoi la Régie demande-t-elle donc aujourd'hui action
privilégiée sur la **totalité** des revenus ?

B. — Deux autres questions, moins importantes dans leurs
conséquences, se soulèvent dans la distribution par contribution
des Ursulines de la rue Morand, et se poseront ailleurs : la
question de privilège pour le demi-droit en sus, la question des
intérêts de la créance de l'Enregistrement.

Après plusieurs décisions contradictoires, après deux arrêts
récents, l'un de la cour de Caen du 24 janvier 1888 (*Dalloz*, 1888,
2-178), très laconique sur cette question, l'autre de la cour de
Lyon du 23 juillet 1890 (*Sirey*, 1891, 2-171), longuement et
fortement motivé, l'administration, en acquiesçant à ce dernier
arrêt, a publié une solution du 20 octobre 1890 (*Dalloz*, 1891, 3-64)
par laquelle elle reconnaît définitivement qu'elle n'a aucun
privilège pour le demi-droit en sus.

Comme, sans doute, les congrégations ne sont jamais appelées
à bénéficier des mesures générales de justice prises par la Régie,
elle a, dans la contribution de la rue Morand, demandé privilège
pour 15.000 fr. représentant 10.000 fr. de droit simple et
5.000 fr. de demi-droit en sus.

C. — Il est de principe d'ordre public que les impôts ne
peuvent produire aucun intérêt, ni au profit du Trésor, ni au
profit du contribuable qui les a payés à tort. Cette règle est

inscrite annuellement dans toutes les lois de finance. A peine de concussion, les receveurs ne peuvent rien exiger au delà de l'impôt voté, qui ne comprend jamais l'intérêt. Les applications par la cour de cassation sont sans nombre (code Dalloz et Vergé, n° 5374).

Cependant, dans la contribution des Ursulines, la Régie s'est fait allouer pour le droit simple. . 10.000 fr.   10.000 fr.

Pour le demi-droit en sus. . .   5.000

Pour les intérets sur 15,000 fr.   } 7.500

pendant 3 ou 4 ans, environ . . .   2.500

Ce n'est plus l'administration de l'*Enregistrement*, c'est l'administration du *Soixante-quinze-pour-cent*.

———————

La procédure serait la chose du monde la plus ingrate, si elle ne servait à faire triompher l'équité. C'est cette équité, disait-on dans une audience solennelle de ces jours derniers, qu'il faut considérer en toutes choses, mais surtout en droit.

Les tribunaux sont les serviteurs respectueux de la loi, même quand elle n'est pas équitable; mais ils ont alors le droit et le devoir d'accorder le bénéfice du droit commun aux tiers qui ne sont pas atteints directement par cette loi.

Il n'est plus niable aujourd'hui que les impôts sur l'actif brut, sur le revenu brut fictif des congrégations, amènent la ruine dans un très bref délai, surtout pour les communautés déjà endettées. Qu'on relise les §§ I et II, le § IV D. de cette note! Qu'on songe encore que la congrégation des Sœurs de Saint-

Vincent de Paul aurait demain plus de 600.000 fr. à payer, si elle se décidait à acquitter le droit d'accroissement dont elle n'a pas versé un centime !

Les congrégations sont atteintes, par les lois fiscales, dans leur propriété et dans leur liberté. Comme le disait Maury, sans l'une, l'autre ne peut exister, « car la liberté n'est autre chose « que la première des propriétés sociales, la propriété de soi. »

En défendant leurs droits, les congrégations couvraient aussi la société par une première ligne de défense. Leur fortune est une *bouchée* pour le socialisme d'Etat. Il lui faudra ensuite la suppression des monopoles possessifs (Banque de France, mines), la confiscation des héritages en ligne collatérale, etc. Aveugle qui ne voit pas ces conséquences fatales de la première brèche ouverte dans le principe du droit sacré de propriété !

Les religieuses, personnellement, contribueront aussi à cette défense d'intérêt public, mais sous une apparence plus modeste ; car elles se bornent, pour elles, pour leurs pauvres, à faire valoir leur droit aux aliments. Leur demande est assez naturelle pour qu'elles espèrent être écoutées.

Rouen. — Imp. MÉGARD et Cie, rue Saint-Hilaire, 436.

OUVRAGES DU MÊME AUTEUR :

———— :◉: ————

LA SITUATION DES COMMUNAUTÉS RELIGIEUSES DE FEMMES vis–
à-vis du fisc (fevrier 1890)   . . . . .   *Epuisé.*

LE DROIT D'ACCROISSEMENT sur les Communautes
religieuses de femmes (aout 1890).   . . .   **3** fr. *franco.*

LES PARIAS DU FISC (decembre 1892). [*Encore*
quelques exemplaires]   .   .   .   **2** fr. *franco.*

———————— ➤ ———————

DÉPOT

Chez l'Auteur, à Rouen, rue Beffroi, 21

www.ingramcontent.com/pod-product-compliance
Lightning Source LLC
Chambersburg PA
CBHW071408200326
41520CB00014B/3347